JN061386

昭和　平成
そして
令和　は

歴史は廻る六道輪廻

大野　眞言　著

櫂歌書房

はじめに

時、二〇二一年、令和三年新春、新型コロナウイルス感染症によるパンデミックの真最中。

多くの人が、只管以前の生活に戻りたい、と願っています。

それでも、一部の人達は、この際、自然に沿った生活に変える事を選ぶようになりました。又、或る人々は、コロナ対策のための政策に影響され、しかも救済政策は届かず、路頭に迷うこととなり、苦しみに堪えず、悪事に走る、或いは、自死を選ぶ人さえ増えているようです。

そんな中、何故この様な現象が現れるのか、人類にとって、どの様な意味があるのか、そんな事に思いを致すのは、極く限られた人々ではないでしょうか。

全ては明確です。自然界からの警告です。

地震や津波、台風や豪雨、そしてウイルス感染症等の疫病、みんな自然界からの警告、同じメカニズムから発生しています。

日蓮大聖人が『立正安国論』にお示しの通りです。対処の仕方も示されています。

正しい宗教によって、正しい思想の下、正しく行動すれば、正しい結果が得られます。

為政者は為政者として、国民は国民として、夫々に、正しい心によって正しく行動する、そして正しい結果を得る、それが『立正安国論』に示された、日蓮大聖人の御聖意です。正しい、一に止まる。正しい教えはたった一つ、日蓮大聖人の教え、現代では日蓮正宗にだけ伝承される教えなのです。

自然界は、人間の心と行動によって動かされます。

人間の心と行動を正報と言います。その結果、反応する自然界を依報と呼びます。正報と依報は別々ではありません。依正不二と言うのです。

新型コロナウイルスによるパンディミック、世界中で混乱が拡がり、人類が共同で向き合うべき時です。

にも拘らず、人間は悲しい生き物です。

相変らず、大国同士の勢力争い。ユダヤ教、キリスト教、イスラム教の、同じ神を拝みながら殺し合い続ける、一神教同士の宗教戦争。一神教と他の思想との争い。

独裁者による、民衆への締付、虐待。

世界に、争いが断えることはありません。

閑話休題
こんな時だからこそ、どうしても、唯一絶対の正しい教え、お釈迦様が予言し、日本に出現された、日蓮大聖人の仏法を、一人でも多くの方に、知って欲しい、縁して欲しい、その思いが昂じ、筆を取る事になりました。

しかし、飽くまでも、一信徒として学んできた教えです。その上虞多くも御聖意を勝手に解釈すると言う飛んでも無い事を書こうとしています。

御教え・本来の教義を、正確に、教え伝え下さる方は、日蓮大聖人から、全てを伝授された日興正人、以来、連綿として継承され続けてこられた、御歴代日蓮正宗の、御法主上人に限られます。その事を御承知置き頂いた上で、ご覧下されば幸いです。

現在は、第六十八世日如上人が、その方であらせられます。

一人でも多くの方が、一日も早く、日蓮正宗の信徒となり、御法主日如上人猊下の、時々に応じて、お話し下さる御指南に、触れることが出来ますよう、切に願うものであります。

日蓮大聖人『立正安国論』に曰く、（起筆）

旅客来たりて嘆いて曰く、近年より近日に至るまで、天変・地夭・飢饉・疫癘遍く天下に満ち、広く地上に迸る。牛馬巷に斃れ、骸骨路に充てり。死を招くの輩既に大半を超え、之を悲しまざるの族敢えて一人も無し。……

以下本文省略

（末文）

汝早く信仰の寸心を改めて速かに実乗の一善に帰せよ。然れば則ち三界は皆仏国なり。仏国其れ衰えんや。十方は悉く宝土なり、宝土何ぞ壊れんや。国に衰微無く土に破壊無くんば身は是安全にして、心は是禅定ならん。此の詞此の言信ずべく崇むべし。（以下略）

以上

年内完筆を目指して

目次

コロナでスタート

令和に入って最初の正月、令和二年新春は、前年の令和元年暮に、中国武漢市で突如発生した原因不明の肺炎が、新型コロナウイルスによる感染症と判明、日本に寄港した大型客船・クルーズ船の乗客封鎖等、混乱の幕明けとなりました。暗い令和のスタートになってしまったのです。

この年、二〇二〇年は、第二次世界大戦の片方三国同盟の最後の敗戦国、日本にとっての終戦の年、一九四五年・昭和二〇年から、丁度七五年に当たる年でした。

又、百年前一九二〇年、大正九年と言えば、第一次世界大戦を終戦へ導いたとされる、スペイン風邪の真最中だったのです。

ちなみに日本は、日英同盟の縁によって、戦勝国側に立っていて、大変な漁夫の利を得ることになりました。

更に遡ること百五十年前、明治二年と言えば、明治維新により始まった新政府が、列国との不平等条約解消に向けて、列国との間で大変な駆け引きを、繰り拡げ始めていたのです。しかし、歴史の上から見れば、ほんの僅かな期間なのかも知れません。大きな波のうねりの中で、私達は生きているのだ、と知る事が出来ます。

その波のうねりの先、待っているものとは、一体どんな時代なのでしょう。

話は変りますが、統計学に最少自乗法と言う手法があります。過去のデータを元に、未来への延長を試みると言うものです。

例えば、五年間の或る商品の年間売上データ、年商を、グラフの点で示します。その点を線で結べば折線グラフとなり、ジグザグの線として示されます。

その線の先を、延長したらどの様な結果が得られるのか、そのための手法なのです。

一次式では、一本の直線としてどの点からの距離の合計が、最も少なくなる線を求める、と言う事です。その延長線上に今後の結果が想定されると考えるのです。

二次式では、同様に考えますが線をS字カーブの一本の線と捕えます。更に三次式では、その線を円周の一辺と捕えるのです。緩かな孤を描きます。

その様にして、現状のままであればどんな数値が得られるのか、傾向を捕えて対策を検討するための参考とするものです。

これは経営学上の手法です。でも、もし歴史を振り返って、その先の未来を予測する、そんな事が出来たら、私達の未来をより良い社会へと変える事が出来るのではないでしょうか。

日蓮大聖人は、『開目抄』と言う御書物《おかきもの》の中で「心地観経に云はく『過去の因を知らんと欲せば、其の現在の果を見よ』等云云」。と経文を挙げられて、過去・現在をよく確めて未来を考えよ、とお示めになられていいます。御文は、個々人への心構えではありますが、社会全般についても云えるのではないでしょうか。

仏教には、六道輪廻と云う言葉があります。人は、どんな人でも十の生命（生きる姿）を持っていると云います。十の境界（十界）

とも云います。又、十の道（生き様）と云う事もあります。普通には十界と呼びます。

一番下が地獄界であり、最上位が仏界です。〝地獄界〟最悪の境界です。自分に不利益を与えた相手に対し、怒り、憎み、恨み、その感情をずっと持ち続ける姿です。熱地獄です。或いは、何かのキッカケで自分を駄目人間と思い込み、生きていても仕方が無いのでは、等、考えて解決出来るものではない苦しみに苛まれ続けるのです。寒地獄です。休む間も無く続くのです。無間地獄です。

〝餓鬼界〟子供の事を餓鬼と呼んだりするように、兎に角欲しがるのです。欲しい物が手に入っても、一瞬の満足で、直にもっと良い物が欲しい、と思ってしまうのです。本当の満足を知らない生命です。欲望だけの世界です。

〝畜生界〟現実を直視して考える、そんな事の出来ない生命です。困難にぶつかると、ただやり過ごす事だけを考える生命です。反省の無い生命であり、場当り的に生きる姿です。その場その場の、自分の都合だけが全てで、未来を描く事も出来ません。

〝地獄〟〝餓鬼〟〝畜生〟この三つの境界を〝三悪道〟と呼びます。

〝修羅界〟所謂、〝虎の威を借る狐〟の姿です。上に諂《へつら》い、下に威張り散らすのです。一般には戦いばかりと云われていますが、単なる弱い者苛めなのです。

三悪道に修羅界を加え、四悪趣とします。

〝人間界〟やっと普通の人の姿です。

平穏無事な一日に、満足を感じる事の出来る生命なのです。

〝天上界〟確りと目標を持って、目標に向かって突き進み成功を納める生命です。

一芸に秀出た人であり、成功者であり、上に立つ事になる人の事です。

〝地獄界〟〝餓鬼界〟〝畜生界〟〝修羅界〟〝人間界〟〝天上界〟この六つの生命をぐるぐる廻っている、それが普通の生命なのだ、とする事が六道輪廻なのです。

ちなみに、それ以上の生命を四聖と呼びます。

〝声聞界〟仏の声を聞く、つまり悟りを得たいと学ぶ生命の事です。

〝縁覚界〟独覚界とも呼ばれ、何かのきっかけで、覚りに近い心境に至る事です。どんな事に直面しても、動揺する事のない生命です。割り切った生き方をする姿です。

〝菩薩界〟少欲知足の生命です。その上で、常に他者の為に動こうとする一方、最高の生命、仏へ向かって歩み続ける生命です。仏に準ずる、仏に並ぶ生命です。

〝仏界〟全ての人を教え導く生命です。全ての人に救いと癒しを与える姿です。仏は少病少悩なのです。自分が病む事によって、病に苦しむ人に同感しながら苦しみから離れる事を教え導きます。仏の言葉に耳を傾けない人、その心を悲しみ、悩みます。少悩です。仏を殺す事は出来ません。傷付けられるだけです。出仏身血です。

ここまで、十界について少し説明させて頂きました。

この十界の中の、どの生命に生まれてくるか、それは前世、過去世での行い、業によって決まっているのです。

その業、宿業を持ってこの世に生まれてきます。十界の何れかの生命をベースとします。その上で、その生命の上に、地獄・餓鬼・畜生・修羅・人間・天上の六つの生命が上書きされて行くのです。それが六道輪廻なのです。そして、生き方を変える努力によって、元々の宿業による生命、ベースの生命を転換する事が出来るのです。宿業転換と言います。

この十界の最高位、仏の生命を目指そうとする事、これを仏道修行と言い、お釈迦様は、様々な修行方法を説かれました。八正道、十二因縁等々です。

但し、仏の生命は、誰でも可能性として持ってはいますが、求める姿であり、近付く事に努力をする目標なのです。

仏は、時代が必要な時にだけ、人間の肉体に宿る、真理そのものの姿だからです。

真理（真如）から送り込まれた生命、真如から来られた生命、如来なのです。

一大事因縁なのです。

従って、仏の生命、仏界と、他の生命、九界とは、通常違う生命とします。九界と仏界なのです。釈迦仏法の世界です。

それでも、日蓮大聖人は、誰でもが命懸けで『南無妙法蓮華経』と唱えるならば、その瞬間、仏の生命と同化する事が出来る、と示されたのです。ファンが、贔屓のチームやスターに、熱狂的声援を送り、一体化することと同じなのでしょうか。

仏教には、更に三世間と言う教えがあります。

人は誰でも、過去世に積み重ねた行為（業）によって、十界の何れかの姿（宿業）で生まれてくる、として、しかしその上で、誰でも十の生命を持っている、十界互倶と言います。その上で、更に心の動き、メカニズムについて影響を与えるものが三つある、と言うことです。

その一つは、国土世間と言う事です。

生まれ、育ち、生活している場所、その土地土地で思考に個有のパターンが、生まれるのです。熱帯には熱帯の、温帯には温帯の、決まりきった思考パターンが生まれます。

ちなみに、近年になって、チンパンジー以上に人間に近い類人猿ボノボと言う種が、アフリカに発見された、と言うことです。

しかも、断崖を挟んで豊かな土地と、荒れ果てた土地、それぞれに住んでいると言うのです。

このボノボ、豊かな土地では、雄のボスの下で、ノンビリ暮らしているようです。　雌達は、ボスに媚を売って餌をねだる、と言うのです。一方の荒地では、自分より一廻り小さな猿を見付けると、捕えて食べてしまう、と言うのです。凶暴そのものです。

住む場所によって、気性は著しい異なりを見せるのです。人間も同じでしょう。住む場所の条件によって、性格は作られるのです。国土世間です。

そして、その土地で作られた意識は、代々重ねられ、他の土地へ移っても、そのまま持ち続けられるのです。衆生世間です。

日本人は日本人なのです。外地に移民として移り住んでも、その土地になじむ様になるのは、何代にも渡った後の事なのです。

その上で、人は個々の体格によって、意識がパターン化していきます。

背の高い人は背の高い人、低い人は低い人、太った人は太った人、痩せた人は痩せた人、夫々に、似た様な感情を持っています。五陰世間です。五陰とは人間の個々の心の動きを五つの要素としたものです。個々人の特徴の様なものです。

国土世間、衆生世間、五陰世間、三つの世間三世間が、人間の心の動きの元になっている、と言う事です。

心の動きの元、心のメカニズムの仕組、それが、生まれた時に前世から持ち込してきた、十界、その十界に上書きされる十界、十界互具の世界、百界、百の生命、更に国土世間、衆生世間、五陰世間の三世間、が掛け合わされて動いて行くのです。

しかも、その心の動きは、一瞬の感情であったり、意識として現らわれたり、判断のための受容であったり、実際の心の動きには、様々な要素を含んでいるのです。その要素について、十の例えを引いて示されているのです。それが十如是と言う事です。

相・性・體・力・作・因・縁・果・報・本末究竟（先の九つを全て含む）の十種、と言う事です。

少し理解するのに難しい事ですが、要は一瞬の心は、その一瞬が、元々の本質が素面化したものとか、素面化する前のものとか、次への動きに作用するとか、次の作用への原因であったり、結果であったり、或いは原因と結果を結ぶ縁であったり、等々、心の変化には十のスタイルがあると言うのです。十如是と言います。

十界に十界が備わり、更に三世間の要素を持ち、そして十のパターンで生まれる一瞬の心、これらを全部、懸け合わせたもの、それが、仏教で説かれる心の動き、一念三千なのです。人の心は、一瞬の内に次々と変化していきます。その変化について三千種類にも及ぶ、と説くのが、一念三千の教えなのです。

この一念三千の法門、インドに出現されたお釈迦様が、直接経文に残された訳ではありません。

仏教は、孔子の予言のとおり、中国に伝わりました。儒教をベースとした中国社会の上に、伝わり発展した中国仏教、その中国仏教の頂点に立つ事になった智顗法師、天台宗の祖、天台大師によって称《とな》えられる様になったものです。

仏教は三十才で悟りを開き、八十才で入滅する迄、五十年間に渡り、説法を続け、教えを説き続けた釈尊の教えです。八万宝蔵（数え切れない膨大な量の意）と言われたインド仏教の経典、その全てを整理し、何時頃説かれたものか、どんな内容なのか、誰に向かって解かれたものか、教えの本質は何か、等々を、分類したのが天台大師です。

全ての経文を、教えの高下、深浅、教えの対象、狙い、あらゆる角度から整理したのです。その上で、最高の教え、未来の人の為の教え、それが法華経であると判別しました。

そして法華経の中に未来の仏教の姿が暗示予言されていた事を知ったのです。その天台大師が、一念三千の法門を説くことになりました。

しかし日蓮大聖人は、この一念三千の法門さえ、理の一念三千とされました。

男の理屈なんだ、と言う事でしょう。

理の一念三千に対し、事の一念三千、の言葉を使われています。説明はありませんが、その時代の人に向けたものだからでしょう。

その代わりに他の教えの中で、法華経について、女性も、更には畜生さえも成仏出来る、と説かれているから、最高の教えなのだ、と示されました。

御聖意を勝手に拝しますと、一念三千には、男女の間の心の動き、人と他の生命との、心の交流が、欠けている、それらを全て含む時、一念三千が事実として成立する、そう示されたのでは、と私は勝手に拝察しています。

さて、ここまでは、未来を知るための方法、その方法の根拠の一つとして、仏法の六道輪廻を紹介させて頂きました。

その上で、過去を知り、現在を確認し、その先に思いを寄せ、どうすれば良いか、を考える事になります。

仏教における一念三千、そして六道輪廻、それらはみんな、個人の一人一人の心の問題と捉えられる事になります。

しかし実際には、多くの人の心が、同時に同じ精神状態に置かれる事になります。

その時代の民衆の心、衆生の心、民意です。

歴史は、天上界の生命によって紡がれ、天上界の生命によって記録されます。従って、庶民、一般大衆の想いは、表面には出難いものと、なってしまうでしょう。

話は変わりますが、自然界には、一対八対一の法則と云うものがあります。

ＥＭ菌の比嘉教授の発見です。

菌の種類には、発酵菌と腐敗菌の二種類と、どちらでもないのに、どちらかの勢力の強い方にくっついて、その働きに同調してしまうという八割の菌、それが日和菌です。

これは筆者の発見ですが、その日和菌の中でも、比較的どちらかに付き易い菌が、八の中の三対四対一となっているように見えます。人間の場合、支持する政党無しが、常に四割前後となっている事が、その証しです。

従って、時代に於ける民意とは、この四割の人の動き次第となるのではないでしょうか。そこに判然と六道輪廻を、感じられるのではないでしょうか。

因に、この法則は、種の保全のためのメカニズムの様です。

人間社会にあっては、権力者（リーダー）と一般民衆（メンバー）

と、そして常に反権力者（アンチリーダー）の組み合わせになっているようです。種の保全に危機が訪れると、方向を修正する必要が生じ、反対側への力が発生するのです。全ては歴史が証明してくれています。

そのメカニズム、そこに現れる社会の姿、そのものが六道輪廻の姿ではないでしょうか。

なお、野菜の種子は、播種後に最初に発芽するのは僅かです。そして季節を確認してから次々と一挙に芽を出します。

しかし急な天候不順で、成長出来ずに枯れてしまう事があります。そんな時不思議な事に、暫く経ってから、ポツン、ポツン、と芽が出てくるのです。

種の保全の為に、最後に顕われてくるようです。菌の場合、天候による植物の入れ替りに対し、条件によって早く分解させる腐敗菌、毒素を残す、とゆっくり分解させる発酵菌、酵素を残す、に分類されますが、自然界のメカニズムによるものでしょう。

それらの観察から、人間にも同様の傾向が見られる事を発見したのです。

それが歴史の繰り返しでした。そして六道輪廻そのものでした。

昭和は餓鬼界から

コロナで始まってしまった令和でした。

しかし、別の面から見ると、戦後七十五年を経てのスタートであり、明治百五十年を過ぎての開始、でもあります。

夫々の持つ意味を、総合的に見る事によって今後の令和の世の中を、見通す事が可能になるでしょう。

余談ですが、コロナは自然界からの警告、自然界が、人間の生き方について、修正を求めているのです。

この事について、心に秘めて感じられている方が、上皇様、平成天皇ではないでしょうか。上皇様は、自ら退位を望まれ、退位に際して平成を振り返り、戦争が無くて良かった、と申された様です。

多くの方が、お言葉を、確に戦争には巻き込まれずに済んだよな、で終っているのではないでしょうか。

筆者には、このお言葉の裏に、深い悲しみが潜んでいる様に感じられるのです。

平成は、自然災害の連続の時代だったからです。

平成のスタート程無くに、長崎県雲仙普賢岳で火砕流が、発生したのでした。

その後は、阪神淡路大震災、そして各地での地震の頻発、更には、台風、豪雨、そして東日本へと続き、その後も次々でした。

それでも、懲りずに唯々、元に戻そう、今迄以上に対策を強化しようと、自然界を更に更に破壊し続けているのです。

その先に待っていたのが、コロナだったのです。
上皇様にとって、国民の多くが、次々と自然災害に苦しむ姿は、只々悲しみの想いだったのではないでしょうか。勝手な拝察ですが。

閑話休題
さて令和とは、昭和・平成からの続きの時代となります。
その昭和・平成を振り返ってみましょう。
先ずは昭和です。
昭和と言えば、私達現代人にとっては、古き良き時代、の想いが非常に強いでしょう。
沖縄が全滅され、全国各地で空襲による焼野原発生、挙句、広島、長崎に原爆を落とされる。そんな大変な状況からの戦後社会。

その、とんでもない苦しい社会生活の中から起ち上がり、復興をなし、更には急成長を遂げ、経済大国へと成長した日本なのです。

戦後社会、それは日本人にとって、いかにも誇らしい見事な復活劇、それが昭和の時代のイメージではないでしょうか。

そうして蓋をしてしまった戦前・戦中の様子です。

実際の昭和とは、苦しい苦しい餓鬼の時代からの始まりだったのです。

そして、その餓鬼の生命の日本が、侵略戦争と言う地獄の世界へと下り、敗戦と言う結果を招いたのでした。

戦後とは、地獄の時代からの反転社会です。ですから、後は、良くなるばかりだったのです。嫌な事は、直に忘れたいのです。

しかし、本当に忘れてはならない事。それが何故、戦争と言う地獄の世界に、日本国は、日本人は、向かってしまったのか、です。

それは、幕末から始まる海外からの影響、そこから始まりました。

その幕末から明治維新、それは明治百五十年として振り返る必要があります。

今は、昭和の始めだけ触れる事とします。

改めて記します。

昭和、それは実は餓鬼界からの始まりだったのです。

しかも、立場の違いによって、庶民は庶民の、財界は財界として、政府は政府として、更に軍部は軍部なりにでした。

夫々違った形での餓鬼界だったのです。

昭和の前の大正時代。僅か十五年の短期間であったのですが、複雑な時代でした。

その頃に発生した関東大震災。

その大地震による災害、復興に向けての国民の負担は、形を替えた実質的大増税となって生活を圧迫したのです。

特に農村部に於てでした。

財界は財界で、第一次世界大戦の終結によって、ヨーロッパ各国の経済回復が進み、戦中の特別需要が無くなり、一気に不景気となってしまいました。

軍部は軍部で、明治の終りの日露戦争勝利以来の拡張が、止められそうになったのです。

一方で、大正デモクラシーの言葉があります。第一次世界大戦は、日英同盟の下に、アジアでの独領への、日本の攻撃でしたが、同時にヨーロッパの、自由民権思想が一挙に、日本に、国民に、拡がり、国民が目覚める結果となって行きました。

そのために、働く人の権利が、強く求められる事になっていたのです。

政府は政府で、その様な国内事情の中で、対外政策を求められ、突き上げられ続けました。

それが、昭和の始め、餓鬼の時代だったのです。

そんな苦しい餓鬼の時代に始まった昭和、その昭和の時代が始まっての矢先、決定的な事件が起きました。

昭和四年、十月二十四日、ニューヨークの株式取引所での大崩壊が発生したのです。

世界大恐慌が始まったのです。

リーマンショックでした。

その結果が、アダムスミスの自由主義経済社会思想への修正が必要となり、ケインズによる近代経済思想が進む事になりますが、それは先の事です。

一方で、社会主義思想、共産主義思想が一挙に拡大することとなりました。

世界中での混乱、その中に、日本の餓鬼界の生命が強まるのです。要は、貨幣経済が、産業の発展を促し、社会生活を拡げ、国際化と科学発達が併走する。しかも、その国際化の動きは、科学の発達が兵器の強化へとつながるのです。

その兵器を、どう使うかは、経済の国際化に反して、国家単位の枠内で検討される上、貨幣も国家単位での流通である事によります。

そこに、様々な問題の根本原因があるのです。

話が少し逸れてしまいました。

昭和の始めの日本です。

庶民の生活、特に農村部での小作農民の生活は、並の事ではなかったようです。

朝ドラ「おしん」の世界でしょう。

戦前の国家財政基盤は、江戸時代からの年貢制度の思想を受け継いだ、生産物、生産高への課税でした。実際の生産者である小作農民にとっては、獲れ高が全てで、市場価格の反映は、不利にしか働きませんでした。

従って、天候次第で、豊作になれば、価格が下がって、受け取れる現金も少なく、不作になれば、それこそ現金確保は困難になるのです。構造的な欠陥制度でした。

一方で、工場で働く人達は、企業の利益確保のために、重労働を強いられ、苦しむのです。「女工哀史」「蟹工船」の世界でした。

その雇傭側の経営者にとっては、第一次大戦の特需景気が消え、利益確保のために、もっと売らなければ、と販路は軍部へと向かうのです。もっともっと、と。

そして軍部は、明治以来の領土拡張。日清戦争での台湾獲得。朝鮮の李王朝の強引な乗取り、朝鮮領土の掠奪。日露戦争勝利での、千島、樺太の獲得、満州鉄道の経営権取得等々。戦争で領土を拡げる事が正義、となって、もっともっと領土を拡げる。そんな餓鬼の姿になっていたのです。

政府は政府で、国内で様々な課題を抱え、その解決の手段として、対外貿易を目指しても、消費の劣えた世界経済の中で、逆に貿易赤字が増大するばかり。何とか外貨獲得を、もっともっと外貨が欲しい、その結果がタイミングの最悪状態での為替政策、金解禁。そして日本は、最悪の経済状況へと進み、政府は打つ手を無くしました。その結果、労働者の不満は社会主義、共産主義への道を進むようになりました。

その一方で、主に農村出身の若手将校は、政府が悪いと決め付け、クーデーターを起こそうとするのです。五・一五事件でした。

又、外地にあっては、日露戦争でロシアからの賠償として受け取った満州鉄道。この鉄道を守るため、として配置されていた陸軍部隊関東軍。この関東軍幹部が、自作自演で線路を破壊し、中国の馬賊の攻撃だ、として侵略戦争に踏み切ってしまいました。

傍ら、中国皇帝の座を追われた清朝、そしてその後の政権争いのために、鎬を削る国民党、共産党、各地の馬賊、そんな中国々内の混乱に付け込んでの清王朝を擁立しての傀儡政権国家、満州国の樹立でした。

その結果が、国際社会からの反発。そして国際連盟からの離脱へとつながりました。昭和八年三月二十八日の事でした。

昭和の始め、およそ十年位が、日本は餓鬼界から地獄への道を進んでいたのです。

日本は、中国国内に傀儡国家満州国を作り上げました。

その時、日本国民に向けられた、建国のための正当性として、五族協和を掲げていました。世界の中で遅れを取って来たアジア。

そのアジアの中で、最も進んだ国、日本。日本を中心として、朝鮮・漢民族・満州族・蒙古族の五民族が、協力して、理想的な国土を作る、それが満州国だ、と言う事でした。そして、満州国を拠点としての中国大陸支配を目指そうとしたのです。

次々と、中国各地へ進出し、対中全面戦争へ発展、結果、泥沼戦争へ入り込む、地獄界へ発展、地獄界へ自ら飛び込んだのです。中国側では、利権や政治的駆引に明け暮れる権力者、その中で、共産党が多くの国民の支持を得る様になり、日本軍の中国各地での進出に反比例して、中国共産党の勢力が拡大、反日、排日運動が急拡大していったのです。

今の中国共産党国家は、日本が作り出した様なものです。日本は地獄の中で野垂打ち乍ら。ついで乍ら、朝鮮半島での南北対立も、その素地は、日本の朝鮮併合から始まっています。歴史的事実に、目を背ける訳にはいかないのです。加害者は忘れたい事、被害者にとっては、決して忘れられない事、忘れてはならない事なのです。そんな日本の大陸侵略、その過程での南京虐殺、民間人に対する大量殺戮まで起してしまっているのです。

反日、排日の思いは、一挙に共産党を勢いづけました。

それに対しての日本軍は、こっちが駄目ならあっち、あっちが駄目ならそっち、何の反省もないまま畜生界の生命で、今度は資源確保が必要、と東南アジアに迄侵略を拡大した。

こちらの方面は、欧州各国が第一次大戦で手が廻らなくなっていた所へ、国内での一切の戦闘が必要なかった米国が、焼け太りでの利権確保で、進出していました。フィリッピンが代表的な所です。

結果として、日本の東南アジア進攻策は、徹底的な米国による日本締付となりました。

挙句、昭和十六年十月八日、ハワイ真珠湾に集結していた、米国海軍艦艇への、奇襲攻撃によって、太平洋戦争に突入する事になったのです。

但し、この時、真珠湾に居たのは、著名ではあるが、程々の老朽艦ばかりでした。

新鋭艦のほとんどは、カリフォルニア沖に集結していて無傷だったのです。

この様な、地獄の昭和十年代、国内では、どんな様子だったのか、と言う事です。

それは、昭和十一年二月二十六日、陸軍の若手将校による叛乱事件発生から、始まったのでした。五・一五事件の続きで、しかも更に強烈な行動だったのです。

結果は鎮圧され、首謀者のグループは、皆死刑になったものの、その後の日本を一挙に変えてしまいました。

軍部による独裁政治、ファッシズム国家となってしまったのです。

そして、国民に対する締付は過酷を極めて行きました。特高警察、隣組制度、不敬罪の乱発、国家総動員法、満蒙開拓団結成で、貧農救済の嘘等々。片や、進歩的思想を大正時代に育まれた人達は、地下に潜り、共産主義・社会主義活動家へとなって行きました。一部には、挙国内閣の中に入り込む者も、でした。

その結果が、昭和二十年八月十五日、昭和天皇の御聖断によって敗戦宣言へと、つながって行ったのでした。地獄界からの反転が始まりました。

明治に始まり令和へ続く

新型コロナウイルス・パンデミックで始まってしまった令和。更に続けて、ロシア・ウクライナ問題の勃発。大変な時代が始まった、の予感がします。令和四年二月の出来事です。筆が進まず、中断していた処に勃発の報でした。

これからは、一体どんな世の中になってしまうのでしょう。誰もが、不安を感じずにはいられないのではないでしょうか。

その令和は、略、戦後七十五年・明治百五十年と云う節目に当たる時に、滑り出したのです。

これからの時代を予測する為に、過去の歴史を振り返ってみましょう。

令和の直前平成は、自然災害に、絶える事なく襲われました。その事は別にして、昭和からの続きとして見てみましょう。

特に戦後の事ですが。

昭和、日本の歴史の歯車が狂い出しました。アジア支配の欲望が高まり、挙句の果に、太平洋戦争へと突入です。餓鬼界から地獄へ、でした。

真珠湾への奇襲も甲斐無く、あっと言う間の米軍による反転で、押し返されての苦境に。遂に、沖縄戦での地獄絵図。

そして、本土各地への空襲、焼野原と化した各地の工業地帯。

止めの広島、長崎への原爆投下。

地獄の戦禍。

その地獄も、昭和天皇のご決断で、御聖断敗戦、ポツダム宣言受託による終戦でした。

それは、地獄から餓鬼界への移行でした。

占領領土を失い、各地からの物資調達は絶えました。

食料は、内地で賄えるのは約七割、食料自給率七〇%の惨状でした。

食料確保を始め、様々な物資交換のための闇市が各地に発生し、テキヤ、ヤクザが勢力を拡げる事になりました。

街中至る処に、復員傷病兵による支援要請の姿、そして、戦災孤児となった浮浪児の姿。地獄から餓鬼界への移行の姿です。

シベリア抑留で、地獄のまゝの人達もでした。その間、連合国軍進駐軍（実際には米国軍）による、数多の社会制度が進められました。

インフレ対策の新円切換。

教育制度の改革、六・三・三・四制への切換。武道のスポーツ化。男女共学等々、3S政策。シャープ勧告による、税制改訂と財政制度の改革。

労働三法の制定や、民放改訂、様々な形でも社会改革が進められました。

勿論、憲法改正、新憲法発布も行われたのです。選挙法も改正され、普通選挙が実施されました。

その結果は、左右様々な政党の乱立、分散、集合の繰り返しが始まりました。

過去の事は全て忘れ、目先の事に一喜一憂する畜生界の生命へ、でした。

しかし、その間にも、世界は変化していたのです。

連合国内での、ソ連と他国との対立激化、中国の共産化が進展していたのです。

そこから、嘗て日本が占領統治していた朝鮮が、中国・ソ連に支援された北朝鮮と、米国連合軍に支援を求めた韓国との間で、朝鮮戦争が始まってしまったのです。

昭和天皇と、マッカーサー連合軍総司令官の共鳴による、世界に稀な理想国家作り、『東洋のスイスたれ』の平和国家の建設。

その夢は、一遍に破られてしまいました。

警察予備隊、保安隊、自衛隊、一挙に再軍備となりました。

夢を破られたマッカーサーは、血迷っての発言、「朝鮮に原爆を投下してしまえ。」

その発言をキッカケに、総司令官を解任される事になりました。

そんな中で、日本国内で繰り拡げられた、左右様々な政党による、政治論争、政治闘争、離合集散が続いたのです。

その時に、現在の日本の体制を確定させたのは、吉田茂ワンマン総理でした。

ソ連を除いた連合国との、個別講和条約締結、日米安保条約の締結となりました。

その裏には、日米地位協定及び、地位協定に基く日米合同委員会設置が、表面化されずに密室化されました。五・五体制。

戦前の、軍部による『畏れ多くも天皇陛下の』、に替り、官僚による、『合同委員会で決まった事です』、となり、誰も異議を唱えられなくなったのです。修羅界となりました。

閑話休題
その間、朝鮮特需による、産業復興となりました。国民生活にも、余裕と活気が生まれ出したのです。夢を追う事が出来る様になりました。巨人の星、明日のジョー、の時代になりました。人間界へでした。

更には、欧米に追いつけ、追い越せ、の経済活動が活発化します。所得倍増計画、列島改造論、等々。

東京オリンピック、大阪万博の時代へです。やがて、経済大国日本へ結実。天上界へ。

その天上界も、有頂天へと達してしまって、昭和バブルとなってての破裂でした。

そんな中での昭和天皇の御崩御で、昭和は終わり、平成が始まりました。

暫くは、静かな社会に戻りました。人間界へ降りました。

やがて、国際資本からの圧力、世界経済での競争下にあって、日本経済建直しと称しての各種の政策。

働き方改革、行政改革、公社・現業での民営化の仕上げ郵政改革。

格差社会の一挙拡大。修羅界へでした。

首相の言動に合わせての、官僚による各種の誤魔化し行動。それでも、「それだけの権力を持っているんだろう」、と支持率を維持。

社会全体が、修羅界を証明。

結果、平成天皇の退位の意も認められ、令和へと移行。

令和へ入って、いきなりのコロナ、場当たり対策の畜生界でした。

更には、ロシア・ウクライナ問題勃発。

冷静な対策の用意もないまゝの、支援体制。支援の結果への、国民の理解、協力要請も不足した尽の、感情に訴えるだけの政策推進。

畜生界の姿。

これが、現実です。

このまゝ進んでしまうと、餓鬼界へとなってしまいます。

更にその先には、地獄界が待っている、となってしまうのです。

既に、核論議や防衛の為の相手基地攻撃、等憲法改正への、雰囲気作りが、着々と進められています。

これから私達は、どの様に生きて行けば良いのでしょうか。心配は尽きません。

その答の前に、日本が何故、こんな形での六道輪廻をするようになったのか、それを知る事によって、答に近づく事になりましょう。

それは、幕末の黒船来航によって齎されたものなのです。

地獄が押し寄せて来たのでした。

私達は、誰でもが、文明開化の世の中が、明治維新によって築かれたもの、と教わってきました。

でも、どうでしょう。

文明開化と言われる明治維新、その前の江戸時代とは、どんな時代だったでしょうか。

明治政府によって、徹底的に否定されてしまった江戸時代。

その江戸時代こそ、日本史の中で燦然と輝く文化の時代であったのです。

凡、二百五十年続いた江戸時代、人口は一千万人前後で推移した、と言われています。そして、世界でも稀に見る、文化を築いて来たのです。

世界史の中でも、大きな戦争の無い期間が、二百五十年間も、続いた事は無いようです。ヨーロッパでも珍らしい、多くの人口を抱えた江戸の街。トップクラスの衛生都市でした。ちなみに、明治初期に一千二百万人程であった人口が、僅か百年で十倍の一億二千万人へと、膨れ上がったのが昭和四十年代です。

人口暴発でした。科学文明の結果です。

そして世界の人口も、今世紀早々に、七十億人を超え、国連発表では、世紀半ばに百億人に達するだろう、の予測でした。

後日、九十七億で天井との修正もされましたが。科学文明が生み出した、人口暴発です。そんな科学文明、自然界を猛列な勢で破壊し続ける姿、それが今日の世界です。

その科学文明は、一神教のヨーロッパから、外に向かって走り出し、各地の先住民族から土地を取り上げる、侵略競争だったのです。その侵略競争の先端が、遂に極東の果ての、日本に届いてしまった。

それが幕末の軍艦襲来だったのです。

そして、日本に於ける、六道輪廻の急回転が始まってしまいました。

思想文化の、洋の東西での違い、それが鍵となります。詳しくは後程触れて参ります。

今は、明治百五十年の中で、前半について簡単に振り返ってみましょう。

幕末、協力な武器を翳しての開国要求。

止むを得ず、の不平等条約締結。

結果、国内での意見の相違が、日本人同士の殺し合いへと進む事に。地獄への道でした。この時期、国内的には、江戸時代に定期的に発生していた飢饉による、政情不安の真最中だったのです。餓鬼界でした。その後の地獄界は、以前なら、打ち壊し、百姓一揆等の地獄界は、小さなものでした。そんな時代には、その事態を収拾するため、幕府による各種の施策。やがて、地獄も静まり、餓鬼界も落ち着き、とにかく、何んとかその日を食べて行ければ、の畜生界へ。そして、今度は豪商による役人抱え込みへと。修羅界でした。世間も落ち着き、人間界へです。

更には、二宮尊徳（金次郎）等の優れた人材輩出の天上界。そこから反転して人間界へ。穏やかな六道輪廻ですね。

明治維新。官軍・賊軍となっての国内分断。日本人同士の殺し合い。更に士族反乱地獄。並行して、西洋文明吸収への激しい意欲、餓鬼界。場当たり的に進む、社会資金の循環制度、資本の管理制度。畜生界の姿。

その流れの中で、寺院制度の分解でした。以前は、寺請け制度による住民台帳管理（過去帳）と、その管理料としての領地保証。

その領地の農民からの反発と、政府による資金確保のための領地取り上げ策、神仏分離。それは、明治政府による、官製の新興宗教として、国家神道の出発へと進んだのです。

一方で、不平等条約解消の為、と称しての数多の欧米追随策、修羅界でした。

その傍ら、征韓論や征台論、弱者苛めの修羅界。

そんな激流の様な日本社会、何んとか服装も洋化し、髷も無くなり、士農工商社会から脱却しての、皇族・華族・士族・平民制度の安定化、皇華士平の社会。人間界へでした。

その間にも、列強と一緒になっての清朝中国への干渉、更に日清戦争勝利、遂には日英同盟の影響の中での、日露戦争へと進み、何とか勝利を納めての天上界も頂点へ。

なお、この様な日本周辺での出来事は、一には日本の欧米化による他国への侵略競争への参加ですが、もう一つは、ロシアによる千島列島、朝鮮、満州への南進政策がありました。さて、日露戦争に勝利してみても、実際には戦費調達の為の多額の外債、国際資本からの借金に追われる状態でした。

アッと言う間の人間界へ、でした。

そんな中で、明治天皇崩御。明治は終わり、大正へでした。

大正時代、それはヨーロッパの西洋文明が、世界中に向かって始めた侵略競争が極まり、各国による覇権争いへと、一層激しい戦争の時代へと移ったのでした。

日本は、その力も劣っているのに、争いへの参加を表明したのです。

それは、修羅の時代へでもあり、畜生・餓鬼・地獄への入口でした。

第一次世界大戦が、始まったのです。

西洋各国による、離合集散、相互利用の中で、結局は、オーストリア・ドイツ・トルコ・ブルガリア対、セルビア・ロシア・イギリス・フランスの各国プラス、アメリカ他、多数の国々、その連合国側に、日英同盟によって、日本も加わった戦争が始まったのでした。

こゝで留意する必要が有る事、それは戦争が莫大な戦費を要する事です。しかも、それは直接戦場となった国にとって、致命的な負担となるのです。

その戦費負担は、結局は庶民へ押し付けられる事になり、やがて社会不安へと拡がります。日英同盟を契機に、第一次世界大戦へ参戦した日本。米国同様、国外での戦争遂行でした。ヨーロッパ各国が、戦争の結果、衰退せざるを得ないのに対して、米国は力を増し、日本も、そこそこ余力を持てたのでした。

そこで、戦争処理の中で、敗けたドイツのアジアでの利権を、全部獲得しようとします。そこから、米国による日本不信が始まります。軍部主導の日本政府は、欧米列国の顔色を伺いながら、更なる中国侵略を意図する様になりました。世界の情勢を考えない、畜生界への道でした。

国内的には、大正デモクラシー、と呼ばれる、論談活発な時代になりました。

これは、戦費負担に喘ぐ、各国々民の中から社会主義思想、共産主義思想が生まれ、反政府、反資本主義の革命思想へと進みました。そして、国を越えて結束するようになり、国際組織へとだったのです。コミンテルン。

そのコミンテルンの受け売りを、我も我もと始めて、修羅界、そして畜生界だったのです。そんな大正時代に、突然襲われた関東大震災。畜生界から一挙に餓鬼界へでした。

そして病弱だった大正天皇が崩御され、昭和へと続く事になったのです。

その後は、既に記した通りです。

西洋式科学文明文化、人口暴発と科学兵器による自然破壊、それは日本にとって、そして日本人が愛する自然にとって、とんでもない狂った社会の始まりだったのです。

明治から始まり、令和へと続くのです。

では、これからどうなるのか。どうすれば良いのか。次項以降で述べましょう。

異常な時代に突入

令和四年二月、折りしも、北京での冬季オリンピックの開催直前、突然出現したロシア・ウクライナ問題。

そして、オリンピック終了后、パラリンピック開催前に、始まったロシア軍によるウクライナ侵攻。

飛んでもない事が、起こってしまいました。テレビの画面には、パラリンピックの中継と、ロシア軍に攻撃されるウクライナ。

平和の祭典と、同時進攻の戦争犯罪。

世界中が、固唾を飲んで見守る事になってしまいました。

此之書は、平成での災害続きの後で、新型コロナウイルスによるパンデミックでの滑り出しとなってしまった令和、その令和の時代に対しての危機感からの取組でした。

自然界からの警告が、重く感じられたからでした。

そして、時代を変える事が出来るのは、日蓮大聖人の、『立正安国論』による以外に無い、の確信の基に書き始めたのです。

その為、時代の変遷がどう言うものか、主に戦後社会を中心に、記述する積りで始めたものでした。

しかし、記憶に新しい時代、正確を期すため、各種資料の確認にも手間取っていました。

それにしても、筆が、どうしても走らずにいたのです。

そこでの出来事でした。

やっと納得でした。

漠然と感じていた未来の危険、不安が、眼前に現らわれたのです。

自然界からの、人類に対する更なる警告なのでした。

大悪起これば大善来たる。日蓮大聖人がお示しです。

大聖人の教えが、世界から求められる、その時が来たのでしょう。

この書の構想を、抜本的に見直しすることに致しました。

さて、仏教では人間の心のメカニズムを、地獄・餓鬼・畜生…の十界、その十界が更に重ねられる百界、そして十如是と三世間、それらを掛け合わせた形、一念三千によって説明していきます。

そして、もう一つ生命が生死を繰り返すと言う、輪廻転生、生死涅槃の教えが有ります。

この教えによって、歴史が繰り返される事を知る事が、今こそ必要な時になった気がします。
先ずはプーチンです。
仏教での、人間としてのメカニズム解析、幾通りかを示してみたいと思います。
プーチンは、一国の指導者として、天上界の生命なのです。
天上界の生命にも、幾つもの種類、タイプが有ります。
権力者として指導力を発揮する天。
学問や研究者として、民の生活向上に貢献する権威者の天。
スポーツや芸術・芸能で民に癒しを与える天。
様々な姿を見せる天。
その天上界の生命の中で、特別な存在の天、それが第六天の魔王なのです。

他化自在天とも呼ばれ、奪命者とも言われる天なのです。他人を自由に操り、自由に動かし、結果的に相手の本来の生命を奪う。

ましてや、対抗する者の生命など、どうでも良いのです。奪い尽すのです。

別の切口から見てみましょう。

人は、過去の記憶を持って生まれてきます。肉体は携帯本体です。魂魄、それがＣＩＭカードです。

肉体は親に貰います。自律神経で動きます。しかし、生命は過去の記憶を持って、肉体に宿ります。但し、過去の記憶（データ）は、幼児、二〜三才頃に新規のデータ取り込みが始まると、データは取り出せなくなります。新たなデータ形成です。横浜のお医者さんが確認しています。それでも、その生命の、思考パターン等は、CIMカードに残り、意識、性格となります。プーチンは、㐧六天の魔王です。そして、その魔王とは、スターリンの再来です。

その積りで、世界はプーチンと対峙する必要が有るのです。

ちなみに、習近平は、毛沢東です。ソ連と中共は、一枚岩ではなかったのです。

さて、天上界の生命が、何故、㐧六天の魔王となってしまったのか。

それは、十界互具と元品の無明なのです。

天上界の生命にも、餓鬼界の生命が備わっているのです。権力を、もっと欲しい、もっと欲しい、際限無く貪るのです。そして、瞋りの生命、地獄界の生命へと落ちるのです。

過去世の生命、記憶を持って、この世に誕生する人間。

その人間は、どんな人間であっても、煩悩を持って生まれて来ます。

貪欲（むさぼり）、瞋恚（いかり）、愚癡（おろか）、慢心（自分が全て）、疑心（人の言う事なんて）、の五つなのです。

六道輪廻のメカニズムです。

そのメカニズムから脱け出す事を、仏道修業と言うのです。

以上、仏教によるプーチンの解析です。

しかし、もっと大事なことが、日蓮大聖人の『立正安国論』の中に込められているのです。一信徒の身で、御聖意を勝手に拝する、とんでもない虞れ多い事ですが。

しかし、それでも、述べない訳にはいかないのです。どうやら自分の役目だから。

御法主上人に、御判断を仰ぎたく思い乍ら。

それは、自然界から、人類に宛てた警告なのです。

ウクライナの方々には、大変申訳無い事の話となります。怪我人の傷口を抉り出す事になります。それでも、なのです。

人は全て、過去の業を持って生まれてきます。ウクライナの方々は、過去世に於て、同じ様な迫害を受けているのです。

東日本の津波被害者、この人達も同じ様に、過去世に於て、津波被害を経験しています。その上で、自然界からの警告の意味です。

自然界とは、宇宙の法則の一部なのです。

自然界には、バランス保持のメカニズムが、組まれています。エントロピーの法則を内在しながらなのです。

自然界に存在する、全ての生命、勿論、人間もその一種に過ぎないのです。

特別な存在と教えるのは、一神教、邪宗教の教えです。人の意識は、偶々人間に生まれて来た、と日蓮大聖人がお示しです。

その人間が、他の生命の存在を、自分の都合だけで判断し、地球環境を破壊し続けて、次々と絶滅させているのです。

それは、自然界のメカニズムを超えた、エネルギー消費の結果なのです。

温暖化は、その現象の一つに過ぎません。

ネットワーク『地球村』の高木善之代表が、三十〜四十年前から、全国講演を続けて訴えている通りなのです。「便利・快適を求め過ぎるからだ」と、人間の繁殖が強過ぎるからなのです。『産めよ増えよ地に満てよ』聖書。

そのために、自然界の法則によって、間引作用が働いているのです。

プーチンも、自然界の働きによって、砂漠バッタの役をしているのです。

全ての人は、何も悪い事はしていないのに、何故。

でも、みんな、その積も無いのに、自然界に対して罪を犯しているのです。

無策意の謗法者なのです。

この様な時代の到来する事を、お釈迦様は末世法滅（末法）と予言されています。

そしてその時にこそ根本の仏様、御本仏、日蓮大聖人が、御出現される事を法華経に残されたのでした。

詳しくは次章にて。

洋の東西、そして

近年、西洋・東洋、そんな言葉が、余り使われなくなりました。死語になりそうです。グローバル化の証なのかも知れません。しかし、洋の東西、その思想・文化・意識の違い、これは厳然として存在しています。その本質、根底に有るもの、それは、自然界との関わり方の違いです。

東洋では、自然とは、解け込むべき場所であり、守られ、そして守るべき相手なのです。対して西洋は、利用すべき相手であり、克服し、変えるべき場所、となっているのです。そのため西洋は、常に外に向かって行動し、征服を目指します。

東洋では、常に内部での集約を目指し、アブレタ者だけが、外に向かう事になります。自然に対する意識の違い、その例としては、虫の音、虫の鳴き声です。

日本人にとっては、郷愁を感じたり、優雅な想いを感じたりします。しかし、欧米人にとっては、唯の雑音にしか聞こえない、と言われます。

又、社会制度での影響で見れば、共産主義がソ連・東独等の崩壊で、既に消えてしまったのに対し、中国・ベトナム等、今だに存続しています。

その差、それは自然との関わり方の違いによって生まれてくると考えられます。

経済社会とは、生産と消費の結び付き、物の流れの仕組の事です。

日本の縄文時代、原始共産社会です。部落総出で、生産活動（物品獲得）に従事し、部落全員に分配される、平等社会です。今でも、マタギの世界に窺えます。多分、中国での三皇の時代、伏羲、神農の時代も同じだったのでは、と思われます。

やがて、集団構成員が増えて行き、更には他の集団との合流によって、スポーツで例えれば、プレイヤーの中から、どうしても監督を必要とする様になります。キャプテンから分離です。メンバーの中から、リーダーが分離し、リーダー、メンバーの関係が作られて行きます。その時、自然界のメカニズムによって、常に自分がリーダーに代わり、メンバーを引張りたい、と思うアンチリーダーも、同時に発生する事になります。

しかも、階層化が進み、階層毎にリーダー、メンバー、アンチメンバーのパターンが生まれて行きます。

そして、実生産者と、作業指示者、獲得物の分配者、保管運搬担当者、等々様々な分業が行なわれる様になります。

それが社会体制です。様々な立場が生まれてきました。

経済とは、結局は生産と消費との、つながりの仕組みだ、と言えるのではないでしょうか。元に戻ります。

共産主義社会とは、その生産と消費の関係、生産物を、いかに平等に分配するか、その仕組みを目指したものです。

ですが、西洋共産主義は、分配を管理するためには生産からの管理が必要と考えた結果、計画生産を試みてしまいました。

東洋共産主義は、分配の流れの為の管理、に重点を置いたのでしょう。

生産は、例え工業製品であっても、自然界の影響を無視して、管理する事は出来ません。まして、農畜産、水産等、自然相手に人間が管理する事など出来ません。それで破綻。そこが、洋の東西の違いです。

さて、洋の東西の違いは、西洋では自然を利用する対象とみます。従って、常により多くの自然を相手にしようとして、外に向かって行きます。

結果は、向かった先に、他の集団が存在していたら、自然と一緒で、相手を利用するため、征服しようとします。駄目なら皆殺しです。相手を奴隷とするか、殺すか、なのです。

チェスの世界です。

歴史が証明しています。

広大な地域に渡る侵略戦争、それは常に西洋から、他の地域に向かっています。

古くは、マケドニアのアレキサンダーによるインドに迄及ぶ、遠征でした。その影響は、東南アジアにまで及び、多くの神話が残されました。

チンギス・ハーンのモンゴルは、洋の東西の狭間の様な位置です。

自然との向き合い方の違い、それは最古と言われる四大文明の時代に、既に芽生えていた様です。

四大文明の一つ、チグリス・ユーフラテスのメソポタミア文明。その地に確認されている最古の文明、シュメール国のモノとされる神話らしき文字の発見。数十年前の図書で知ったのですが、未だ充分解読されていませんでした。ですが、その内容について、穀物が太陽に照り付けられ、風雨に助けられる。そしてそれでも倒されて生命を失う。更に太陽によって新しい生命として甦る。そんな風に、自然界の様子を、物語として綴られている様に感じられました。

ギリシャ神話に通じる感じでした。

一方、中国での十二支。成立時期は記憶していませんが、元々は穀物の一生を十二分割して示し、それを一年十二ヶ月に当嵌めたようです。後になって、その文字と同じ読みの動物を使って、今の十二支になったようです。子は種子。丑は種が土に播かれる。寅は地中で先ず根を伸ばし、地上に芽の頭を出す。卯は双葉。辰は根が確りと。こんな感じで進み、最後は亥、実となる。と言うものです。

自然の中に、生活の為の目印を見付ける。自然を戦いと見るか、自然の中に季節を感じるか、大きな違いの気がします。

どうして、こんな違いが起きたのでしょう。元々、人類の出発、つまりホモ・サピエンスの誕生は、アフリカの地に、女として生まれた、とするのが科学の見方の様です。

そこから、世界に拡がって行き、他の原人・猿人が絶えて行った、様です。

その過程で、様々な種族に分離したのでしょう。

仏教では、三世間の言葉があります。

国土・衆生・五陰の三世間です。

土地に衆って作られる生命の傾向、その生命が代を累ねて保つ衆生、それでも個々の違いが生ずる五陰です。

余談ですが、大和朝廷が確立されたのは、仏教を採用した結果ですが（聖徳太子）、その後で、朝廷の権威を確実にするために作られたのが、古事記・日本書紀の記紀の世界です。各部族に伝わる伝記・風土記を集めて、一つに纏め上げたものです。

その時に、採用されなかった風土記は、全て焚書された、と言われています。

その焚書を免れたものの一つに、秀真伝（ホツマツタエ）と言う書物があります。

その中に、世界に五色の人が居る、との記述も有るのです。

白黒赤黄緑です。白人・黒人・アラブ褐色・黄色・それに加え、エスキモー・イヌイットを緑と理解すれば、五色人です。そんな昔にこんな話です。不思議ですね。

更には、近年、一万二千年前から伝わった、とされるカタカムナと呼ばれる古文書。山の民から提供されたものですが、サンカ文字とは全く違う文字です。

しかし、その原典なのかも知れません。

その内容は、優れた科学的内容であり、相似象学会と呼ばれる研究者グループも出来て、解読が進められているようです。余談でした。

さて、洋の東西の違い、それは宗教によって増幅されて来ました。現在の世界状況、ユダヤ教、キリスト教、イスラム教の同じ神を拝む一神教、全ては神に作られたとする事で、心の安心を得ようとする宗教が、最大宗教となっています。

世界中に拡がりました。

その他の宗教は、人間以外に、絶対的な力を感じられる何かに、身を委ねようとするものです。

東洋の果て、日本の縄文時代、湧水地に居を構え、その場所を神聖な地として崇める等、自然現象を大切にして来ました。

弥生人がやって来て、合流した後は、崇める対象に、その地で活躍した人を当嵌めて拝む等で、神社となって行きました。

中国では、自然界の中から、民に役立つ物を種々見付け出した神農。そのリーダーとしての神農達をモデルとして、人間としての生き方を求めた孔子の儒教、仏教が伝わる迄の、土台となったものです。

そしてインドの仏教。

東洋型国土世間、その地を侵略し、現住民を最下層のスーダラとした、西洋型神話を持ったアーリア人の衆生世間。バラモン教でした。そこに、忽然として出現した釈尊。

実は宇宙の法則（真理・真如・至理）によって誕生されました。バラモン教の中で修業を続け、バラモン教とは全く違う覚りに到達し、教えを拡げました。しかし、聴き手は、バラモン教の世界の人。ですから話しのベースは、バラモン教が土台となっています。インド仏教です。

そんな教えの中で、インドの未来も、予言していました。アショカ大王によるインド統一、仏教国家の樹立です。そして、更なる周辺国家への拡がりでした。

それでも、インド仏教は終りがくる、との予言も、末世法滅です。一神教のイスラム教による、インド侵略です。結果、インドは西洋型一神教に対抗し、同じ西洋型バラモン教を復活させました。現在のヒンズー教です。

その一方で、仏教は、孔子が待ち望んでいた中国に届いて行きます。

先に儒教文化が進んでいた中国、儒教と仏教の争いの様想を見せます。

その中で、儒教文化をベースにしながら、様々な宗派の誕生で、仏教が浸透して行きました。

その中国仏教を集大成し、釈迦仏教の原点に回帰させたのが、天台大師でした。

更に、末世法滅を予言した釈尊は、その時に出現され、教えを伝える、と法華経で示されたのが、上行菩薩他の菩薩衆です。流れからは、日本に御出現されて当然です。しかも、根本の仏様、御本仏日蓮大聖人です。

極東の更に外れ、日本の国土世間。そこに住む日本人としての衆生世間。その実態は、様々な土地から辿り着いた人々が、少しづつ少しづつ合流して作られた、と考えられます。元々の縄文人、その縄文人に合流した弥生人。ベースになった日本人です。

更に大陸からの渡来人、朝鮮・中国漢民族・蒙古・遠くは西洋型の人達も、辿り着いた形跡も感じられます。

ギリシャ・ローマ時代に、地中海に栄えた、海洋民族フェニキア人が作ったカルタゴ。度々の戦争でローマに破れ、国を失い、そして歴史から姿を消します。

そのフェニキア人は、紫貝から採取する染料で染めた紫色を、最高の色としていたようです。日本でも紫色が、最高位の色として、使われました。紫綬褒章や袈裟等。関係は不明です。もしかしたら九鬼水軍の祖？

近世になれば、小笠原に漂着した西洋人が、帰国が出来ずに、定着同化した例も有る様です。少しづつ様々な文化が、取り入れられ続けて来た、と言う事ではないでしょうか。

閑話休題。

仏教以前の日本、縄文人の自然崇拝文化に上書きされ、更に先人の偉業への讃嘆から始まった神格化文化。そんな文化の中に、儒教・仏教が同時の様に伝えられました。やがて聖徳太子による国教化によって独自の仏教となりました。しかも儒教的要素を持った型での上で。

つまり、バラモンの上に立ったインド仏教、儒教との融合による中国仏教、更には、自然崇拝を根本とし、神仏混交となった日本仏教。その日本仏教を、釈尊仏教への根本復帰を呼び掛けたのが、天台大師の生まれ変り、伝教大師でした。時が来たのです。

日蓮大聖人は、三つの国に四人の師、三国四師として、インド・中国・日本の、釈尊・天台・伝教の三人に、御自身を加えられています。しかし、その御聖意は、三種の仏教の上に立つ根本仏教の師である事を、暗示されている気がしています。筆者の勝手な拝察です。又、御自身を、主師親三徳を備えた者、と示され、教えの高さを表現されています。

つまり、仏の尊さは、全ての人を、守り助け（主）・教え導き（師）・癒し励ます（親）、とされているのです。孔子は師のみであり、釈尊は師であり、親であっても、主としては不足が、ではないでしょうか。日蓮大聖人は、国主諫暁によって、リーダーを正し、民を救う、主の徳を、備えている、だから最高位の教えだ、なのではないでしょうか。勝手な解釈ですが。

洋の東西の違い、特に宗教上の違いを、駈足で見て参りました。それは、この書の主題、今後の日本の未来、六道輪廻の、今とこれから、更には、日本の世界への役割、を知るための鍵だからです。

結論に入ります。

今や世界は、温暖化を始めとする、地球環境問題において、待った無しの情況に立たされています。

その原因は、全て人間によって作り出されているのです。ですが、その原因を作り出している人間達は、その事に気付こうとはしないのです。便利で快適な生活を、もっともっとと求め続けているのです（ネットワーク『地球村』高木代表）。

自然界には、バランス維持のメカニズムが、存在しています。人も、そのメカニズムの一部なのです。だから殺し合うのです。他の生物と異り、向上欲、もっともっと、が死ぬ迄続く事になる、人間と言う生物。

そんな人間の性を、自然界のメカニズムに沿った形での、日々の生活に変えて行く。

そんな事が、可能となるのが仏教です。

そして、今、この時、その仏教とは、日蓮大聖人の教えであり、それ以外にはありません。このままでは、令和の時代とは、修羅界から畜生界へ、更には、餓鬼界から地獄界への道へと進むのですが、大きな波になってしまいます。

ですが、流れを小さな流れに、と変える事は可能なのです。重い業を軽く受ける、転重軽受。

地球は今、人間の行為・業《ごう》によって、とんでもない危機を迎えています。

その反動が始まりました。

疫病も、次々でしょう。

自然災害も、更に拡大するでしょう。

全ては、ホモ・サピエンス・サピエンスの過剰な繁殖力が生み出す、エネルギーの過剰な消費、その過剰な消費こそ、便利・快適が生み出す自然破壊そのものなのです。

CO2の削減、それは重病人への、栄養材を与えようとするものです。回復には、僅かな力にしかなりません。

自然の力を、科学の力で変えられる、それが西洋型衆生世間の世界だからです。

もっともっとの向上欲を、便利・快適の物質文明に求める、しかも人間同士が競争する事で、それが西洋型です。資本主義社会です。もっともっとの向上欲、それを心の豊かさに求める、人間同士も助け合い、かばい合うのは勿論、自然界の全ての対象と、共生する心、それが東洋型。競争より共生です。

日蓮大聖人の〝立正安国論〟その御聖意こそこれからの世界を救うのです。

一日も早く、日蓮大聖人の教え、日蓮正宗の信心が、世界中に拡がる必要があります。他に、方法はありません。貴方も今直に、入信決意を。

おわりに

法華経に、難解・難入、難信・難解、との経文があります。理解出来ない、入って行けない、信じられない、訳分からない、そんな所でしょう。

日蓮正宗の信心を始めた人は、様々な体験を重ね、信心が確信へ、と進んで行きます。そんな中に、飛び抜けた体験を、持つ人が顕われます。

自分も、そんな中の一人でした。

常識で理解できない、不思議な体験。

しかも、一度や二度と言わず、次々と、何度も何度も体験させられました。

結果、不思議な能力も、持たされてしまったのです。様々な現象の、本質を見極めてしまう、常に他の人とは違う眼を、持ってしまったのです。

しかし、日蓮大聖人は、そういう能力、神通力を、教えのために使ってはならない、と戒められました。

『利根と通力とには寄るべからず』、と示されています。理屈や不思議な力での折伏は、してはならない、の戒めでした。

先の項目で、ロシア・ウクライナ問題を、取り上げた際に、戒めを破ってしまいました。止むを得ぬ事、と考えています。

事件が起きなければ、当初の構想としては、様々な社会体制の現状を、仏教的視点から、分析、評価し、その上で、最大宗教となった一神教、つまり同じ神を拝みながら、殺し合いを続けるユダヤ、キリスト、イスラム教、と仏教の教えの違いを明確にする筈でした。その上で、仏教と言っても、今後の世界を救うための唯一の教であるのが、日蓮大聖人の仏法である、と示す予定でした。

例えば、経済学としては、アダム・スミスの富国論、マルクスの資本論、ケインズの近代経済論、現代社会の様々な為替経済論や貿易経済論への問題提起でした。

政治と宗教との関係も述べる積でした。

米国は、思想・宗教は自由、と言い乍ら、大統領就任にも、裁判にも、聖書が使われます。一神教国家です。その上、銃で独立。

サウジアラビアとイラン。同じイスラムでも、宗派が異なる上、サウジは王家が上、宗教者が、その脇でアドバイザーですが、イランは宗教者の下で、政治家が権力を揮う。

国体の違いも含めた犬猿の仲なのです。

日蓮大聖人の教えは、全く別です。

『王法仏法に冥じ、仏法王法に合して』なのです。説明は省きます。

一神教と仏教の違い、それは、モーゼの十戒と、仏教での十悪戒を比較すれば、一目瞭然なのです。一神教が、邪宗教である事が、分かる筈です。

それも、日蓮大聖人は、宗教の必要性として、時代や国によって、必要な事も有る、と示されています。今や日蓮大聖人の教えだけが、唯一絶対の正しい教え、の時代となっているのです。世界のために、地球のために、人類の未来のために。

さて、様々に話を進めて参りました。ここで、一信徒の身でありながら、何故、この様な取り組みを、について少しだけ触れておきます。

御僧侶と信徒、その関係は、明確なのです。御僧侶になる、そう意識した途端に、求道者としての道を歩み始める、それが御僧侶。

日々の生活の中で、生きる為の糧として、絶対的な何かを求める、それが信徒なのです。僧と俗の違いは、明確なのです。

但し、僧であっても、人間である事には、変わりありません。

従って、教えを誤まり、間違った道へ踏み込む愚者も出てしまうのです。

一方、信徒であっても、信徒だからこそ、生活の中から、教えの深さに、辿り着いてしまう、そんな事もあるのです。

又、御僧侶の立場としては、知っていても言ってはならない事もあります。

信徒の立場であるなら、自分はこう感じたのですが、と勝手に言ってしまう事もあるでしょう。

偶々自分に、後者の役割が、与えられてしまったようです。

元々地獄の生命だった故に、十界互具について、確りと実感出来たのかも知れません。御僧侶の世界は、声聞界をベースとした上での十界互具となり、三悪道、四悪趣について少し軽くなってしまうのかも知れません。

そんな事で、一信徒の身、由に、日蓮大聖人が、現代人を相手にお話をされるとしたら、そんな不埒な考えも、思い着いてしまったのでした。

その上、信徒の立場でありながら、だからこそ、組織としての教団の有り方さえ、考えてしまいました。

その結果、一信徒として、勝手な事を、始めてしまった、と言う事です。

そうする事が、自分が信心を始めた時から、約束されていたのかも知れません。

過去世からの因縁でしょう。

過去世にあって、日蓮大聖人の教えに、出会いながら、受入れを反発拒否。

その時は、仲間と共に、敵討ちと云う、要人暗殺計画に、加わっていたため、信心を拒否せざるを得なかった。

だから生まれ変った今世に於て、地獄の苦しみに、堪えながら仏の道に近付く。

そんな生命だったのでしょう。

御本仏、日蓮大聖人の教え、それは仏の知恵、御仏智であり、仏の意、御仏意です。

その知恵の中に、現代社会が抱える、全ての問題を、解決するための方途が、余さずに示されている。その事を知るために、仏道修業が有るのです。信・行・学です。

本書は、当初の構想に比し、圧縮した形、僅かな内容しか、記す事が出来ませんでした。折しも、安倍元首相の銃撃死事件が発生。犯人は、地獄の生命です。『瞋るは地獄』です。元首相は、過去世に於ても、総理大臣として、襲撃されています。

その時は、怪我だけでしたが。

犯人は、過去世でも、要人暗殺に関与していた筈です。貧農の苦しみは、時の政府の所為とした反乱軍の一人として。

いずれにしろ、ロシア・ウクライナ問題が起らなかったなら、十界互具・一念三千を、理解して頂くためには、自分の生立ちから、全て吐出す覚悟でいましたが、不思議な事にその必要も無くなりました。

只の変人、で済ます事になりました。

家族のためには、その必要が有ったのでしょう。仏の意を感じています。

いつか、必ず、人間同士で殺し合う、等と云う。他の生物に無い生命の姿が、自然界と共生し、心の豊かさこそが全て、となる日の、一日も早からん事を祈り、筆を置く事に致します。

おわり

著者略歴　大野　眞言（おおのまこと）

1942年（昭和17年）10月
横浜市内のビール工場で働く、職工の六男として出生。一年半後に生まれた妹と併せ、7人兄妹、両親の9人家族で生活。

昭和20年
2歳半の時、終戦直前の空襲で家は焼失。
一家で揃って脱出。千葉県鎌谷市（現）の父の生家である梨農家に辿り着き、後に千葉県市川市内に住み、生活再開。

昭和24年
小学校入学後に、五兄（9才上）が事件（半世紀後に判明）に遭遇。以後精神障害を発症。生活をほぼ病院生活へと進む事に、更に長・次・三兄が続け様に結核に、家族と地獄生活が始まる。

昭和30年頃
父親の定年退職を控え、市内の別地域に移住し食料品店を三兄主導で開業。

長兄、次兄は既に独立済。三兄も後独立。五兄と店を手伝う。

昭和33年

東京都立商業高校に越境入学。

1961年（昭和36年）

商業高校卒業し父親の縁によりビール会社に入社。

主に物流業務を支社、工場勤務で経験。

昭和60年

福岡県内工場勤務中に父親に死別、その後回向の為に既に妻子の始めていた日蓮正宗への道へ進む事に。

入信後、間も無く別の信徒団体であった創価学会が宗門より破門処分を受ける事になり対策に駆け回る事になった。

定年が視野に入り始めた頃、環境問題に触れ、会社の早期退職制度導入に伴い、退職し環境問題への関連として、半農生活を目指し、年金生活を送りながら、半日の畑仕事で現在に至る。

昭和　平成　そして　令和は
歴史は廻る六道輪廻
ISBN978-4-434-31816-0

発行日　2023年3月13日　初版第1刷

著　者　大野　眞言

発行者　東　保司

発行所
櫂歌書房《とうかしょぼう》
〒811-1365　福岡市南区皿山4丁目14-2
TEL 092-511-8111　FAX 092-511-6641
E-mail: e@touka.com　http://www.touka.com

発売元　星雲社（共同出版社・流通責任出版社）